Bald ist Weihnachten!

Ein Adventskalenderbuch

Illustriert von Katie Hickey

arsEdition

Weihnachtsbäume

INHALTSVERZEICHNIS

Dezember

1

Brief an den Weihnachtsmann oder das Christkind

Der Weihnachtsmann und das Christkind freuen sich jedes Jahr, Briefe von Kindern wie dir zu bekommen. Gibt es ein Geschenk, das du dir besonders wünschst? Oder möchtest du dem Weihnachtsmann oder dem Christkind von deinen Wünschen und Träumen fürs nächste Jahr erzählen? Vielleicht kannst du auch etwas malen! Frag doch Mama, Papa, deine Geschwister oder irgendeinen anderen Großen, ob sie dir helfen können, deine Wunschliste an den Weihnachtsmann oder das Christkind zu schreiben. Unterschreibe den Brief, wenn er fertig ist, und stecke ihn in einen Umschlag. Nun muss nur noch die Adresse darauf und du kannst ihn einem deiner großen Helfer zum Abschicken geben.

DEZEMBER

2

Lied

O Tannenbaum

O Tannenbaum, o Tannenbaum,
wie treu sind deine Blätter!
Du grünst nicht nur zur Sommerzeit,
nein, auch im Winter, wenn es schneit.
O Tannenbaum, o Tannenbaum,
wie treu sind deine Blätter!

O Tannenbaum, o Tannenbaum,
du kannst mir sehr gefallen!
Wie oft hat nicht zur Weihnachtszeit
ein Baum von dir mich hoch erfreut.
O Tannenbaum, o Tannenbaum,
du kannst mir sehr gefallen!

O Tannenbaum, o Tannenbaum,
dein Kleid will mich was lehren:
Die Hoffnung und Beständigkeit
gibt Trost und Kraft zu jeder Zeit.
O Tannenbaum, o Tannenbaum,
dein Kleid will mich was lehren.

DEZEMBER

3

Rezept

Heiße Schokolade

Wenn es im Winter draußen schön kalt wird, könnt ihr es euch drinnen mit einer heißen Schokolade besonders gemütlich machen.

Zutaten für 2 große Tassen:
70 g Zartbitterschokolade
70 g Vollmilchschokolade
450 ml Milch
1 Päckchen Vanillezucker

Zum Garnieren:
Schlagsahne
Marshmallows
Zimt

1. Macht kleine Stücke aus den beiden Schokoladensorten, damit diese sich besser in der Milch auflösen.
2. Gebt anschließend Milch und Vanillezucker in einen Topf und lasst die Milchmischung aufkochen. Dabei immer umrühren, damit nichts anbrennt.
3. Schaltet die Herdplatte aus und gebt die Schokoladenstückchen zur Mischung hinzu. Rührt die Mischung so lange, bis sich die Schokolade aufgelöst hat.
4. Füllt die heiße Schokolade nun in zwei große Tassen und garniert sie je nach Geschmack mit Zimt, Marshmallows und Schlagsahne.

DEZEMBER

4

Bastelanleitung

Schneeflocken aus Papier

Du brauchst:
weißes Papier (alternativ: glänzendes Papier oder Origamipapier)
eine Schere
einen Zahnstocher oder einen Locher
Faden

Am Anfang brauchst du ein quadratisches Stück Papier. Falte das Stück Papier diagonal in der Mitte, sodass ein Dreieck entsteht. Falte nun das Dreieck in der Mitte. Falte nun so weiter, dass drei gleiche Dreiecke entstehen. Das ist nicht ganz leicht, deswegen ziehe die Knicke noch nicht ganz nach, bevor die drei Teile zusammenpassen.

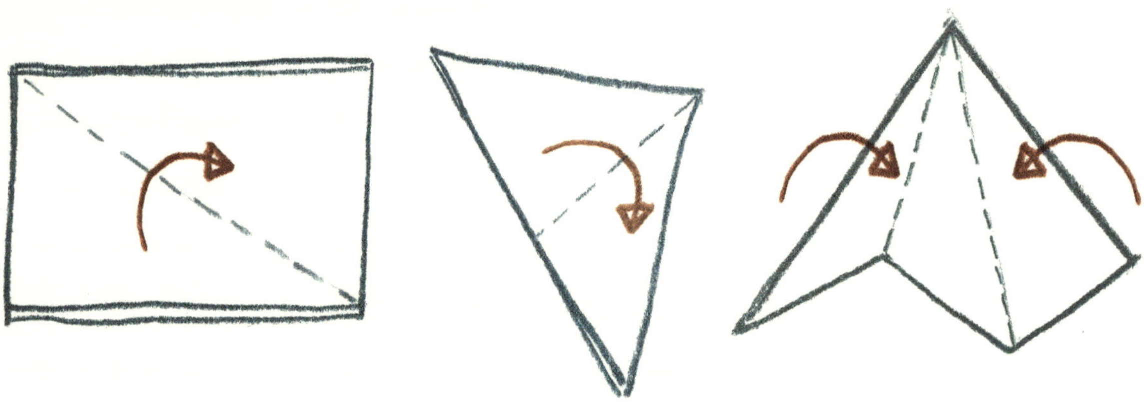

Schneide die überstehenden Enden am unteren Rand der Dreiecke ab. Schneide nun von beiden Seiten in die Falten. Experimentiere hier gerne ein wenig und mach Schnitte in unterschiedlichen Größen und Formen. Pass auf, dass du das Dreieck nicht ganz durchschneidest! Falte das Dreieck vorsichtig auf; jetzt hast du eine Schneeflocke gebastelt!

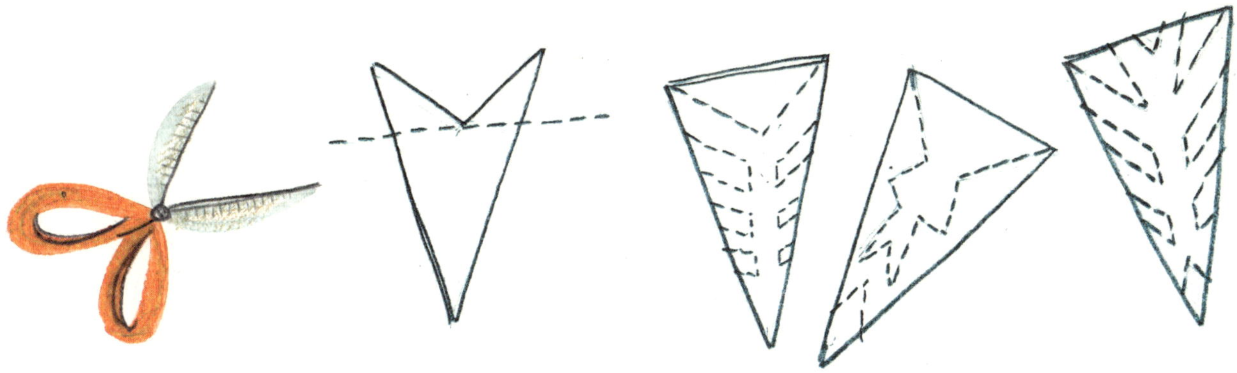

Benutze nun einen Zahnstocher oder einen Locher, um ein Loch an einer Stelle in die Schneeflocke zu stechen. Nun kannst du dir ein wenig Faden nehmen, ihn durch das Loch hindurchziehen und zusammenknoten, sodass eine Schlaufe entsteht. Daran kannst du die Schneeflocke aufhängen und damit Fenster, Wände oder sogar den Weihnachtsbaum dekorieren.

DEZEMBER

5

Wimmelbild

Spaß im Schnee

Finde auf dieser Seite:

6 Gänse	das Mädchen, das einen Brief verschickt
3 Hennen	das Paar, das sich verlobt
3 Schneemänner	den Hund, der am Kuchen schnüffelt
10 Schlitten	die Katze, die auf dem Dach sitzt

DEZEMBER
6

Spiel

Weihnachtsliederraten

Du brauchst:
mehrere Blätter Papier
Stifte

Trommle für dieses lustige Weihnachtslieder-Ratespiel deine Freunde und Familie zusammen!

Ein Spieler wählt ein Weihnachtslied aus und versucht, dessen Namen zu malen, während die anderen Spieler versuchen, den Namen des Liedes zu erraten. Wenn du den Namen nicht kennst oder er zu schwer zu erraten ist, kannst du auch den Text des Liedes malen. Jüngere Mitspieler können es mit einem besonders leichten Lied probieren, wie zum Beispiel „O Tannenbaum“ oder „Schneeflöckchen, Weißröckchen“.

Erfahrenere Spieler können sich an schwereren Weihnachtsliedern versuchen, wie zum Beispiel „Stille Nacht“.

Spielt ihr mit einer größeren Gruppe, könnt ihr euch in zwei Teams aufteilen. Jedes Team bestimmt einen Spieler, der als Erstes malt.

Weihnachtslieder, die ihr malen könntet:

Lasst uns froh und munter sein
Morgen kommt der Weihnachtsmann
O du fröhliche
Macht hoch die Tür
Süßer die Glocken nie klingen
Alle Jahre wieder
Kommet ihr Hirten
Fröhliche Weihnachten überall
Ihr Kinderlein kommet
Kling, Glöckchen, klingelingeling
Am Weihnachtsbaum die Lichter brennen
Morgen, Kinder, wird’s was geben
Vom Himmel hoch, da komm ich her
Schlittenlied

DEZEMBER

7

Bastelanleitung

Weihnachtssocken

Du brauchst:

Filz
Klebeband
eine Schere
Sekundenkleber
einen kleinen Locher
Papier
rotes Garn
Stifte

In manchen Ländern, zum Beispiel in England und Amerika, werden kleine Weihnachtsgeschenke in Socken vor dem Kamin aufgehängt. Sie geben aber auch bei uns eine schöne weihnachtliche Verpackung für kleine Geschenke ab.

So kannst du deine eigenen Weihnachtssocken basteln:

1. Lege zwei Stücke Filz übereinander und schneide sie in der Form einer Socke aus. Benutze nun den kleinen Locher, um an den Seiten und am unteren Ende ca. alle 12 mm ein Loch zu machen, nur nicht am oberen Rand.

2. Nimm nun das rote Garn und miss es entlang einer Seite ab. Schneide das Garn nun in der vierfachen Länge davon ab. Mach an einem Ende einen Knoten. Umwickle das andere Ende straff mit einem Stück Klebeband, sodass es aussieht wie das Ende eines Schnürsenkels.

3. Jetzt kannst du beim ersten Loch auf der linken Seite damit anfangen, das Garn durch die Löcher zu ziehen. Lass am Anfang ein wenig Garn übrig, das du zu einer Schlaufe binden kannst, an der die Socke aufgehängt werden kann.

4. Zum Schluss kannst du deine Socke dekorieren. Schneide hierzu selbst gemalte Formen aus Papier oder Filz aus und klebe sie auf die Socke. Du kannst auch ein Schild mit dem Namen desjenigen aufkleben, für den die Socke gedacht ist.

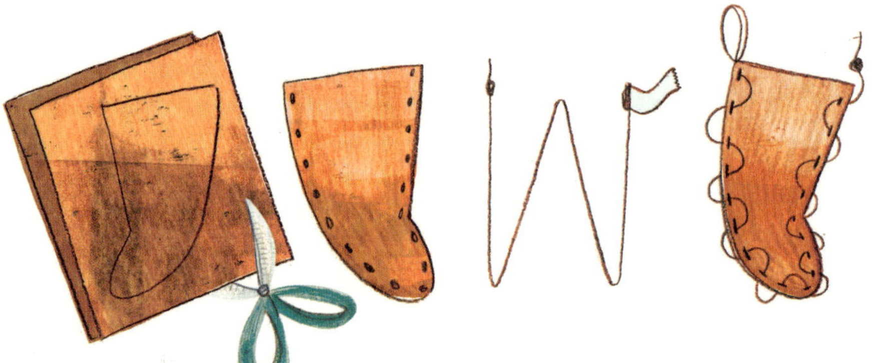

PAPA
Glitzer
NOAH
TANTE HILDA
ANNA
OMA
MAMA
Kleber

Rezept

Schneeballplätzchen

Zutaten:
250 g weiche Butter
100 g Puderzucker plus etwas mehr zum Bestreuen
120 g Mehl
200 g Speisestärke
2 Päckchen Vanillezucker

Der Teig ergibt
ca. 60 Schneeballplätzchen

1. Rührt die Butter cremig und siebt anschließend den Puderzucker hinein. Gebt nun Mehl, Speisestärke und Vanillezucker ebenfalls dazu. Fügt anschließend 2 bis 4 Esslöffel kaltes Wasser hinzu und verknetet die Zutaten zu einem glatten Teig.
2. Stellt anschließend den Teig für mindestens eine Stunde kalt.
3. Nehmt kleine Stücke vom Teig und rollt sie zwischen euren Händen, sodass kleine Schneebälle von ca. 2,5 Zentimeter Durchmesser entstehen.
4. Legt die Schneebälle auf ein mit Backpapier ausgelegtes Blech. Achtet darauf, dass zwischen den Schneebällen genug Platz ist, sodass sie nicht beim Backen ineinanderlaufen.
5. Lasst die Plätzchen im vorgeheizten Ofen bei 150 °C Umluft für 10–15 Minuten backen. Passt auf, dass die Plätzchen nicht braun werden.
6. Nehmt die Schneeballplätzchen aus dem Ofen und lasst sie ein wenig abkühlen, bevor ihr sie mit Puderzucker bestreut.
7. Lasst euch die Schneeballplätzchen auf der Zunge zergehen, egal ob es draußen schneit oder nicht.

BR

HILFSORGANISATION
Danke für die Spenden
K
KRANKENHAUS
GESCHENKE SAMMLUNG
Heißer Kakao
Für einen guten ZWECK

DEZEMBER

9

Weihnachtsfreude verbreiten

Wie wäre es, wenn du dieses Jahr dem Weihnachtsmann hilfst und etwas Weihnachtsfreude verbreitest? Du könntest ein Päckchen für jemanden packen, der sonst nicht so viele Geschenke zu Weihnachten bekommt.

Mithilfe deiner Eltern, der Schule oder der Kirche kannst du eine Familie ausfindig machen, die dieses Päckchen gut gebrauchen kann. Ihr könntet auch gemeinsam im Internet gucken, ob es eine wohltätige Vereinigung gibt, die solche Geschenkpakete zu Weihnachten verteilt. Bestimmt findet ihr ein Kind, das sonst keine oder wenige Geschenke bekommt, dem du eine Freude machen kannst.

Wenn du weißt, für wen dein Päckchen ist, überlege dir, wie alt das Kind oder wie groß die Familie ist. Kleinere Kinder freuen sich vielleicht über ein schönes Buch oder Spielzeug, mit dem du nicht mehr spielst.
Oder vielleicht möchtest du, mit Geld aus deiner Spardose, auch eine Kleinigkeit für das Kind kaufen? Dazu kannst du noch eine Nascherei legen, vielleicht sogar selbst gebackene Plätzchen. Vielleicht möchtest du noch mit einer Karte oder einem Bild frohe Weihnachten wünschen?

Jetzt musst du nur noch die Geschenke, die Süßigkeiten und das Bild oder die Karte in einen Karton legen und ihn schön verpacken. Bring ihn dann zu der Organisation, dem Kind oder der Familie, für die du die Geschenke ausgesucht hast. Und so hast du gleich viel Weihnachtsfreude verschenkt!

DEZEMBER

10

Lied

Schlittenlied (Jingle Bells)

Den Schlitten zieht mein Pferd
durch Wald und Feld im Schnee,
wir lachen unbeschwert und
singen „ho und he!“.
Die Glöckchen klingen hell,
wenn man die Zügel zieht,
wir fahren, welch ein Spaß, so schnell
mit unserm Schlittenlied.

Klingeling, klingeling,
klingt’s in Wald und Feld!
Welch ein Spaß ist Schlittenfahren
durch die weiße Welt.
Klingeling, klingeling,
klingt’s in Wald und Feld!
Welch ein Spaß ist Schlittenfahren
durch die weiße Welt.

Mein Schlitten wartet schon
vor deinem kleinen Haus,
dich ruft der Glöckchenton:
„Komm fahre mit mir aus!“
Nicht lange ist die Welt
so glitzernd voller Schnee.
Steig ein, wenn dir mein Lied gefällt,
und sing mit mir „ho-he!“.

Klingeling, klingeling,
klingt’s in Wald und Feld!
Welch ein Spaß ist Schlittenfahren
durch die weiße Welt.
Klingeling, klingeling,
klingt’s in Wald und Feld!
Welch ein Spaß ist Schlittenfahren
durch die weiße Welt.

DEZEMBER

11

Spiel

Weise Berater

Stell dir vor, du könntest dir drei Leute aussuchen, die dir mit guten Ratschlägen zur Seite stehen, ein bisschen wie die weisen heiligen drei Könige. Deine „heiligen drei Könige“ können jedes Geschlecht, jedes Alter haben und aus jeder Zeit kommen, ganz wie du es dir wünschst. Sie können berühmte Persönlichkeiten sein, echt oder ausgedacht oder Leute, die du kennst. Wen würdest du dir aussuchen? Schreibe die drei Namen auf ein Blatt Papier.

Auch deine Familie oder Freunde können sich überlegen, wer ihre „drei Berater“ wären, und die Namen aufschreiben. Nun kann jeder seine Berater vorstellen und erklären, warum er gerade diese drei ausgesucht hat. Vielleicht gibt es einen Rat, den du dir von einem der drei gerade wünschst?

DEZEMBER
12
Der
Schuhmacher und die Wichtel

Es waren einmal ein freundlicher, alter Schuhmacher und seine Frau, die schwere Zeiten hinter sich hatten und dadurch sehr arm geworden waren. Eines kalten Wintermorgens hatte der Schuhmacher nur noch genug Leder, um ein Paar Schuhe zu machen. „Ich werde mir beim Schustern große Mühe geben“, sagte er zu seiner Frau. „Denn wenn sich diese Schuhe nicht gut verkaufen, haben wir nichts mehr zu essen.“

Der Schuhmacher verbrachte einen ganzen Nachmittag damit, sich zu überlegen, welches Modell er schustern wollte, und das Leder zurechtzuschneiden. Doch sein Herz war schwer und seine Finger bewegten sich nur langsam. Als der Abend kam, legte er die Lederzuschnitte auf seiner Werkbank aus. Er nahm sich vor, die Schuhe gleich am Morgen fertigzustellen, nachdem er sich im Schlaf erholt hätte. Doch in dieser Nacht schlief er unruhig, denn in seinen Träumen tanzten silberne Fäden, bunte Schleifen und poliertes Leder vor ihm umher.

Die Frau stand am Morgen früher auf als ihr Mann und setzte schon Wasser für Tee auf. Als sie an der Werkbank vorbeikam, schrie sie vor Überraschung auf, sodass der Schuhmacher davon geweckt wurde. Mit schnellen Schritten rannte er nach unten. Er folgte dem Blick seiner Frau zu seiner Werkbank, auf der die schönsten Schuhe standen, die beide je gesehen hatten! Sie waren mit silbernem Faden genäht, mit bunten Bändern verschnürt und so poliert, dass sie glänzten.
Sie waren wunderschön – aber woher waren sie gekommen? Da die beiden nichts anderes zu verkaufen hatten und auch kein Geld für weiteres Leder, stellten sie die Schuhe in das Schaufenster ihres Ladens und warteten auf Kunden, die in letzter Zeit ausgeblieben waren.

Aber heute war alles anders: Es waren keine fünf Minuten vergangen, da kam ein Mann in ihren Laden. Er war von Kopf bis Fuß in bunte Kleidung gehüllt, die mit mehr Schnallen und Knöpfen verziert war, als der Schuhmacher zählen konnte. „Die Schuhe in Ihrem Schaufenster sind prächtig", sagte er. „Ich muss sie sofort haben!" Die Schuhe passten ihm so gut, dass er darauf bestand, den doppelten Preis für sie zu bezahlen. Der Schumacher konnte sein Glück kaum fassen – das Geld würde für Leder für zwei weitere Paar Schuhe reichen! Doch nach all dieser Aufregung schaffte er es abermals nur, das Leder zurechtzuschneiden und es auf seine Werkbank zu legen, bevor es Zeit zum Schlafen war. Diese Nacht war genauso seltsam wie die vorherige, denn diesmal tanzten in seinen Träumen lauter seltsame Formen und Muster umher.

Am nächsten Morgen, als der Schuhmacher und seine Frau sich nach unten schlichen, konnten sie kaum glauben, was sie dort sahen: Das Leder war wieder verarbeitet worden! Auf dem Tisch standen zwei Paar der seltsamsten Schuhe, die sie je gesehen hatten. Sie waren auf eine ungewöhnliche Art geschnitten und mit faszinierenden Mustern bestickt. Wieder hatte der Schuhmacher nichts anderes zu verkaufen als diese beiden Schuhe, also stellte er sie in sein Schaufenster. Eine elegante Dame und ihre Tochter sahen die Schuhe und kamen sofort in den Landen, um sie für eine Feier noch am selben Abend zu kaufen. „Das muss die neueste Mode sein!", sagte die Dame, während sie und ihre Tochter das Doppelte für die Schuhe bezahlten.

Der Schuhmacher hatte nun genug Geld, um Leder für vier Paar Schuhe zu kaufen. Er war den ganzen Nachmittag damit beschäftigt, das Leder zurechtzuschneiden. Hoffnungsvoll ließ er die Zuschnitte auf seiner Werkbank zurück und ging zu Bett.
Und wieder erwarteten ihn am nächsten Morgen vier schicke Paar Schuhe. Alle vier brachten mehr ein, als sie gekostet hatten. An diesem Abend kaufte die Frau des Schuhmachers so viel Essen, dass die beiden sich ein bescheidenes Festmahl schmecken lassen konnten. Sie aßen so gut und viel wie schon seit Langem nicht mehr.

So ging es von Tag zu Tag in der Werkstatt des Schuhmachers weiter, und sein Geschäft florierte, bis er und seine Frau nicht mehr in Nöten waren. Mit ihrem Wohlstand wuchs auch die Neugier der beiden, wer die feinen Schuhe machte. Eines Abends ließen sie, wie gewohnt, ein paar Stücke Leder auf der Werkbank zurück. Doch sie gingen nicht zu Bett, sondern versteckten sich hinter ein paar Mänteln, die neben der Bank hingen.

In der tiefsten Nacht hörten sie ein Geräusch wie von umherhuschenden winzigen Füßen. Gespannt lugten sie zwischen den Mänteln hervor und sahen zwei winzige Personen, die durch den Raum sprangen. Die beiden Gestalten trugen weder Schuhe noch Strümpfe und ihre Kleidung war geflickt. Doch ihre Gesichter strahlten fröhlich, während sie auf den Tisch kletterten und mit dem Abmessen, dem Sticken und Kleben des Leders begannen. Im Nu standen mehrere edle Paar Schuhe ordentlich in einer Reihe. Dann schlichen die Wichtel, denn das war die richtige Bezeichnung für diese zauberhaften Wesen, kichernd zum Fenster hinaus und verschwanden.

Am nächsten Tag sagte die Frau des Schuhmachers: „Wollen wir den beiden Wichteln eine Freude machen, wo sie uns doch so sehr geholfen haben? Sie haben keine Schuhe und auch keine hübsche Kleidung und doch machen sie so schöne Schuhe für uns." Und so fertigte der Schuhmacher zwei Paar klitzekleiner Stiefelchen an und seine Frau nähte zwei Hosen, zwei warme Jäckchen und zwei Mützchen. An diesem Abend legten sie ihre Geschenke auf die Werkbank und versteckten sich wieder hinter den Mänteln.

Genau wie am vorherigen Abend huschten die Wichtel durch das Fenster und kletterten auf die Werkbank. Als sie die Geschenke sahen, blieben sie vor Schreck stehen, aber dann stießen beide kleine Freudenschreie aus.
Eifrig machten sie sich daran, die Schuhe und die Kleidung anzuziehen, und sangen dabei fröhlich: „Nun sind wir hübsch anzusehen, wollen keine Schuhe mehr machen gehen!" Ausgelassen hüpften und tanzten sie durch den Raum, bevor sie wieder durchs Fenster hinausschlüpften und verschwanden.

Von diesem Tag an wurden die Wichtel nie mehr gesehen. Der Schuhmacher und seine Frau aber lebten glücklich und zufrieden bis ans Ende ihrer Tage.

ENDE

Weihnachtswitze

Wie sagt ein Elefant „Frohe Weihnachten“?

„Tööörööööliche Weihnachten!“

Was sagt ein Schneemann zu einem anderen Schneemann?

„Riechst du auch Karotten?“

Wer lacht fröhlich, liebt Zipfelmützen, bringt dir Geschenke und macht, dass du dich am Kopf kratzen musst?

Die NikoLaus.

Was ist das liebste Weihnachtslied einer Bibliothekarin?

Stille Nacht.

Warum können Weihnachtsbäume schlecht stricken?

Weil sie immer ihre Nadeln verlieren.

Womit weckt der Vater seine Kinder in der Weihnachtszeit?

Mit dem Lied „Süßer die Glocken nie klingen“.

Was ist das Lieblingsgebäck von Autos?

Ein Parkplätzchen.

Welches Plätzchen würde gerne mal zum Mond fliegen?

Der Zimtstern.

Warum hat der Weihnachtsmann keinen elektrischen Schlitten?

Der hat sich nicht rentiert.

DEZEMBER

14

Weihnachtsgedichte

Schnee, Schnee, Flöckchen
fällt auf meine Söckchen.
Meine Söckchen werden nass,
Flöckchen, Flöckchen, was ist das?

(Volksgut)

Advent, Advent,
ein Lichtlein brennt.
Erst eins, dann zwei,
dann drei, dann vier,
dann steht das Christkind
vor der Tür.

(Volksgut)

Die drei Spatzen

In einem leeren Haselstrauch,
da sitzen drei Spatzen, Bauch an Bauch.

Der Erich rechts und links der Franz
und mittendrin der freche Hans.

Sie haben die Augen zu, ganz zu,
und obendrüber, da schneit es, hu!

Sie rücken zusammen dicht an dicht.
So warm wie der Hans hat's niemand nicht.

Sie hörn alle drei ihrer Herzlein Gepoch.
Und wenn sie nicht weg sind, so sitzen sie noch.

(Christian Morgenstern)

Weihnachten

Markt und Straßen stehn verlassen,
still erleuchtet jedes Haus,
sinnend geh ich durch die Gassen,
alles sieht so festlich aus.

An den Fenstern haben Frauen
buntes Spielzeug fromm geschmückt,
tausend Kindlein stehn und schauen,
sind so wunderstill beglückt.

Und ich wandre aus den Mauern
bis hinaus ins freie Feld,
hehres Glänzen, heil'ges Schauern!
Wie so weit und still die Welt!

Sterne hoch die Kreise schlingen,
aus des Schnees Einsamkeit
steigt's wie wunderbares Singen –
O du gnadenreiche Zeit!

(Joseph von Eichendorff)

Advent

Es treibt der Wind im Winterwalde
die Flockenherde wie ein Hirt,
und manche Tanne ahnt, wie balde
sie fromm und lichterheilig wird,
und lauscht hinaus. Den weißen Wegen
streckt sie die Zweige hin – bereit,
und wehrt dem Wind und wächst entgegen
der einen Nacht der Herrlichkeit.

(Rainer Maria Rilke)

Der Bratapfel

Kinder, kommt und ratet,
was im Ofen bratet!
Hört, wie's knallt und zischt.
Bald wird er aufgetischt,
der Zipfel, der Zapfel,
der Kipfel, der Kapfel,
der gelbrote Apfel.

Kinder, lauft schneller,
holt einen Teller,
holt eine Gabel!
Sperrt auf den Schnabel
für den Zipfel, den Zapfel,
den Kipfel, den Kapfel,
den goldbraunen Apfel!

Sie pusten und prusten,
sie gucken und schlucken,
sie schnalzen und schmecken,
sie lecken und schlecken
den Zipfel, den Zapfel,
den Kipfel, den Kapfel,
den knusprigen Apfel.

(Volksgut)

Sternchen

Von Milliarden Sternen
bin ich ein Sternchen bloß,
ich leuchte nicht besonders,
bin nicht besonders groß –
und doch bin ich so glücklich
und leuchte froh und still.
Für andere ein Lichtlein sein,
das ist es, was ich will.

(Ida Bohatta)

Die Weihnachtsbäckerei

Die Kinder wüssten gar zu gern,
was da die Englein backen.
Ob es wohl groß ist oder klein?
Ob's knusprig ist, schmeckt es auch fein?

Ob's mürbe ist? Ob dunkel, licht?
Mit Schokolade oder nicht?
Ob's hart ist, ob es leicht zerbricht?
So fragen sie und noch viel mehr,
und ich würd's gern verraten,
wenn's nicht ein Geheimnis wär.

(Ida Bohatta)

DEZEMBER 15

Bastelanleitung

Girlande aus Popcorn und Cranberrys

Du brauchst:
eine stabile Nadel mit großem Öhr
Garn oder Zahnseide (ohne Duft)
eine Schere
getrocknete Cranberrys
frisch gepopptes Popcorn (ohne Butter oder Salz)

1. Bitte einen Erwachsenen, dir eine Nadel mit großem Öhr zu geben.
2. Schneide ein ca. 2 Meter langes Stück Garn ab und führe es durch das Nadelöhr. Verknote die Enden miteinander. Mach einen zweiten Knoten ungefähr 10 Zentimeter vor dem ersten Knoten.
3. Führe die Nadel vorsichtig durch eine Cranberry oder ein Popcorn-Korn, pass dabei auf, dass du beim Popcorn eine dicke Stelle nimmst. Wechsle immer nach mehreren Popcorn-Körnern und mehreren Cranberrys ab. Ziehe sie auf deinen Faden auf, bis nur noch ca. 10 Zentimeter übrig sind.
4. Mach zum Schluss einen großen Knoten. Deine Girlande ist nun fertig und kann zum Beispiel an den Weihnachtsbaum gehängt werden.

DEZEMBER
16

Bastelanleitung

Funkelnde Sternendekoration

Du brauchst:
dünne Pappe
eine Schere
Kleber
Alufolie
Reißzwecken oder einen Locher
Faden, Garn (oder Angelschnur)

1. Schneide aus der Pappe Sterne in verschiedenen Größen aus.
2. Trage den Kleber auf einer Seite eines Pappsterns auf und lege ihn mit dieser Seite auf die Alufolie. Schneide die Alufolie um den Stern herum aus und falte die überstehende Alufolie auf die andere Seite des Sterns, sodass die Kanten gut bedeckt sind. Drehe den Stern um und klebe auch auf diese Seite Alufolie, bis beide Seiten des Sterns mit ihr bedeckt sind.
3. Stich ein Loch durch einen oberen Zacken des Sterns mit dem Locher (oder der Reißzwecke) und führe deinen Faden dort hindurch. Verknote die Enden, so dass sich eine Schlaufe bildet und du den Stern aufhängen kannst.
4. Deinen Stern kannst du nun zum Beispiel an der Decke oder am Fenster aufhängen.

DEZEMBER
17

Rezept

Schokoladenlebkuchen-Brownies

Diese leckeren Brownies sind durch ein paar zusätzliche Gewürze besonders weihnachtlich und können mit oder ohne Topping gegessen werden.

Zutaten:
160 g Vollmilchschokolade
160 g Zartbitterschokolade
100 g Butter plus etwas mehr zum Einfetten
160 g Mehl
80 g gemahlene Mandeln
½ Päckchen Backpulver
3 EL Backkakao
2 TL Lebkuchengewürz
1 TL Zimt
2 TL Schmand
100 g Cranberrys oder Orangeat
3 Eier
200 g Zucker
1 Prise Salz

Für das Topping:
100 g Frischkäse
50 g weiche Butter
200 g Puderzucker

1. Zerkleinert die Schokolade und lasst sie zusammen mit der Butter in einem Wasserbad schmelzen.
2. Heizt den Ofen auf 180 °C Ober-/Unterhitze vor und fettet eine Backform (ca. 25 x 25 cm) ein oder legt sie mit Backpapier aus.
3. Vermengt in einer Schüssel das Mehl, die Mandeln, das Backpulver, den Kakao, die beiden Gewürze, den Schmand und die Cranberrys miteinander und gebt die Schokoladen-Buttermasse dazu, sobald sie ein wenig abgekühlt ist.
4. Schlagt die Eier mit dem Zucker und einer Prise Salz zu Eischnee und hebt diesen anschließend vorsichtig unter den Teig.
5. Füllt den Teig in die Backform und lasst die Brownies ca. 35 bis 40 Minuten backen.
6. Falls ihr die Schokoladenlebkuchen-Brownies noch mit einem Topping verzieren wollt, lasst die Brownies zunächst abkühlen.
7. Verrührt die Zutaten für das Topping zu einer zähen Masse und verstreicht diese anschließend auf den Brownies.
8. Nun müssen die Brownies nur noch in Vierecke geschnitten werden und können dann gegessen werden. Guten Appetit!

DEZEMBER
18

Spiel

Suchen und Singen

Dieses lustige Singspiel für die ganze Familie ist eine weihnachtliche Variante des bekannten Spiels Topfschlagen.

Überlegt zusammen mit allen Mitspielern, welche Weihnachtslieder ihr alle kennt.

Es wird abwechseln von jedem gesucht. Der Suchende verlässt den Raum, während die anderen ein Versteck für eine Süßigkeit, ein paar selbst gebackene Plätzchen oder ein kleines Geschenk aussuchen. Dann erst wird der Suchende wieder ins Zimmer gerufen.

Sobald er das Zimmer betritt, singen die anderen Mitspieler ein Weihnachtslied. Je näher der Suchende an das Versteck kommt, desto lauter singen sie. Entfernt er sich weiter von dem Versteck, singen die anderen leiser. Wenn das Versteck gefunden wurde, darf der Finder seine kleine Überraschung natürlich behalten!

DEZEMBER

19

Lied

Stille Nacht, heilige Nacht

Stille Nacht, heilige Nacht!
Alles schläft, einsam wacht
nur das traute, hochheilige Paar;
holder Knabe im lockigen Haar,
schlaf in himmlischer Ruh,
schlaf in himmlischer Ruh!

Stille Nacht, heilige Nacht!
Hirten erst kundgemacht
durch der Engel Halleluja,
tönt es laut von fern und nah:
Christ, der Retter, ist da,
Christ, der Retter, ist da!

Stille Nacht, heilige Nacht!
Gottes Sohn, o wie lacht
Lieb aus deinem göttlichen Mund,
da uns schlägt die rettende Stund,
Christ, in deiner Geburt,
Christ, in deiner Geburt!

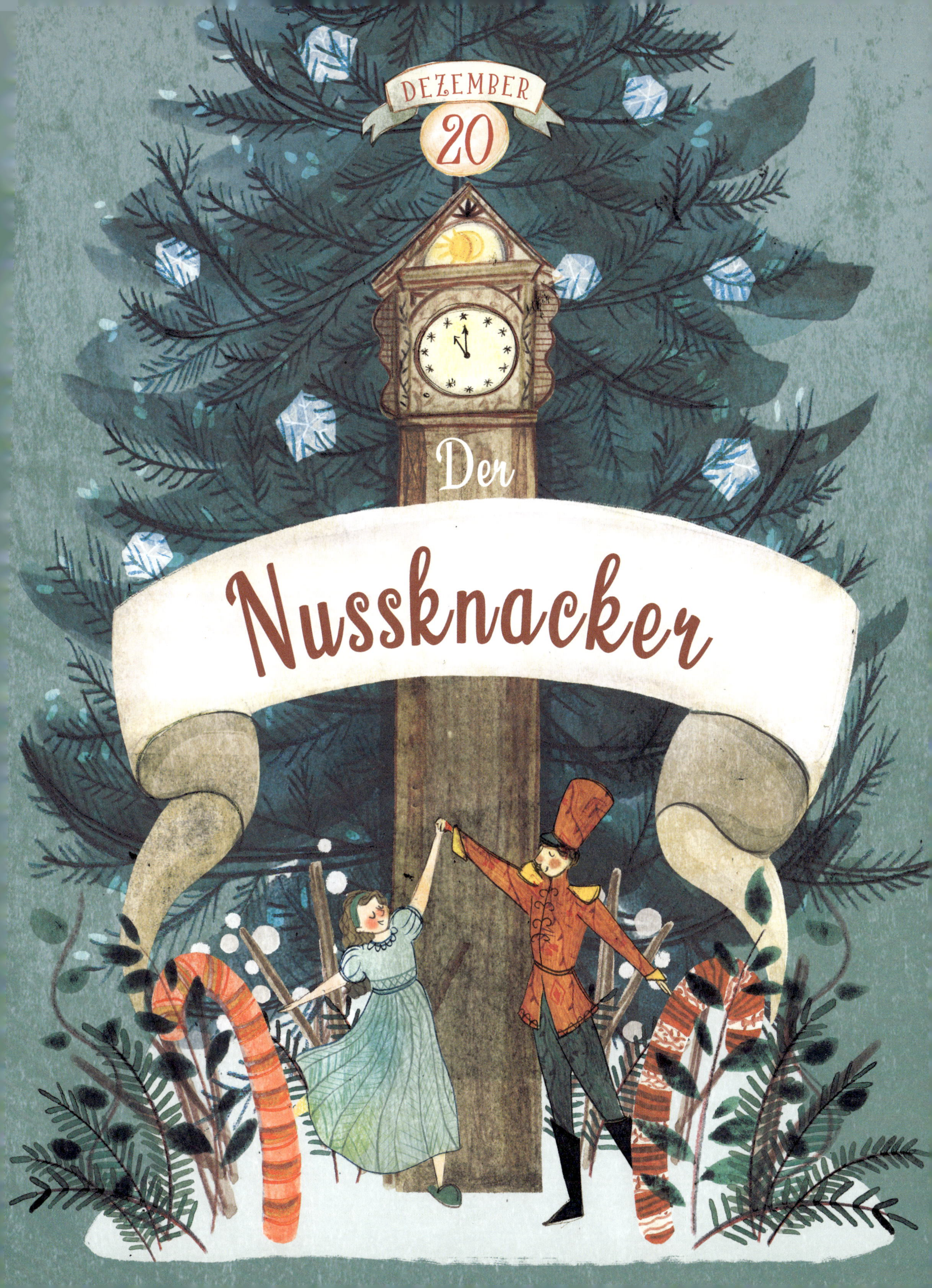
DEZEMBER
20
Der
Nussknacker

Am Heiligabend schaute ein kleines Mädchen namens Marie aus dem Fenster ihres Kinderzimmers und sah den Schneeflocken beim Fallen zu. Jedes Jahr an diesem Tag veranstaltete ihre Familie eine große Weihnachtsfeier. Für Marie war es die schönste Nacht des Jahres. An diesem Abend würden Freunde und Familie in ihren schönsten Kleidern erscheinen und Musik, Gelächter und Tanz das Haus erfüllen.

Marie und ihr jüngerer Bruder Fritz sollten in ihrem Kinderzimmer warten, bis alles fertig vorbereitet war. Gerade als sie das Warten nicht mehr aushalten konnten, öffnete sich ihre Kinderzimmertür. Im Türrahmen stand eine große, in einen prächtigen Mantel gehüllte Gestalt. „Onkel Drosselmeyer!“, riefen die Kinder freudig und rannten zu ihm. Ihr Patenonkel war ein geheimnisvoller Mann, der den Kindern immer die schönsten Geschenke und Geschichten von seinen Reisen in weit entfernte Länder mitbrachte.

Für Fritz hatte Onkel Drosselmeyer eine Truppe feiner Zinnsoldaten mitgebracht. Für Marie zog er unter seinem Mantel eine seltsame Figur, mit einer schicken roten Jacke, ähnlich der eines Soldaten, und mit großen Augen und einem noch größeren Lächeln hervor. Onkel Drosselmeyer erklärte der erstaunten Marie, dass es sich um einen Nussknacker handelte, und zeigte ihr, wie man mit dem starken Kiefer des kleinen Mannes Nüsse knacken konnte. Marie schloss ihren Nussknacker sofort ins Herz.

Genau in diesem Augenblick begann die Band im Salon zu spielen. Die Feier hatte begonnen! Prompt liefen Marie und Fritz aus ihrem Zimmer, um die anderen Gäste zu begrüßen. Alle feierten glücklich und Marie tanzte und spielte den ganzen Abend mit ihren Freunden. Stolz zeigte sie jedem Gast ihren Nussknacker, und alle waren sich darüber einig, dass er besonders schön war.

Fritz gab vor seinen Freunden damit an, dass er mit dem Nussknacker die größte Nuss knacken würde, die er finden konnte. Er schnappte sich den Nussknacker aus Maries Armen und steckte ihm eine riesige Paranuss in den Mund. Knack! Der arme Nussknacker war nicht für solch eine riesige, harte Nuss gemacht, und so brach sein Unterkiefer in einem Stück ab. Marie schrie vor Wut auf und rettete ihren Nussknacker aus den Händen von Fritz, der ganz schuldbewusst dreinblickte, denn es tat ihm leid, den Nussknacker zerbrochen zu haben. Marie brachte ihn zu Onkel Drosselmeyer, der dem Nussknacker einen Verband aus einem Stückchen Seide um den Kiefer band.

Spät in der Nacht, als die Feier lange vorüber war, wälzte sich Marie unruhig in ihrem Bett umher. Sie machte sich Sorgen um ihren Nussknacker, den sie ganz allein im Salon zurückgelassen hatte. Leise schlich sie sich zu ihm, nahm ihn in den Arm und setzte sich auf das Sofa neben dem großen Weihnachtsbaum. Gerade als ihr die Augen zugefallen waren, schlug die Standuhr Mitternacht und Marie schreckte auf. Sie hörte ein schreckliches Rascheln und Quietschen von den Wänden, und als sie sich umdrehte, sah sie riesige Mäuse auf sich zukommen!

Sogleich sprang eine Gestalt hervor an ihre Seite. Es war kein anderer als ihr Nussknacker! Doch nun war er größer als sie und trug ein Schwert bei sich. Auf sein Kommando hin öffnete sich die Tür des Kinderzimmers und die neuen Spielzeugsoldaten ihres Bruders kamen ihnen im Kampf gegen die Mäuse zu Hilfe.

Die Mäuse wurden von einem großen und grimmigen Mausekönig angeführt, der sich sogleich auf den Nussknacker stürzte.
Der Nussknacker schlug sich wacker im Kampf mit ihm, doch bald schon stolperte er und fiel hin. Ohne nachzudenken, sprang Marie auf, zog einen ihrer Pantoffeln aus und warf ihn mit aller Kraft nach dem Mausekönig. Verwundert drehte dieser sich zu ihr um.
Der Nussknacker nutzte diese Chance und versetzte dem großen Mausekönig einen Schlag, sodass dieser zu Boden ging.
Der Kampf war gewonnen!

Während die verängstigten Mäuse weghuschten, rannte Marie zu ihrem Nussknacker, der nun keine hölzerne Figur mit breitem Lächeln mehr war. Er hatte sich in einen hübschen Prinzen verwandelt, der Marie anlächelte.

Er erzählte ihr, dass er einst ein Prinz in einem fernen Land gewesen war. Eines Tages hatte er dabei geholfen, ein Kind aus den Klauen eines bösen Zauberers, keinem anderen als dem Mäusekönig, zu befreien. Außer sich vor Wut, hatte dieser ihn dazu verflucht, weit weg von seinem Königreich als hölzerner Nussknacker leben zu müssen. Nun, da der Mausekönig besiegt war, war auch der Fluch gebrochen und der Prinz konnte zurück in sein Königreich. Er lud Marie ein, ihn in das magische Land der Süßigkeiten zu begleiten. Marie nahm seine Hand und ein wirbelnder Winterwind trug die beiden in die Nacht hinaus.

Bei ihrer Ankunft im Land der Süßigkeiten wurden sie von einer großen Menschenmenge begrüßt, die die Rückkehr des Prinzen feierte. Eine Kutsche aus weißer Schokolade brachte die beiden zum Schloss, das vollkommen aus Gummibonbons bestand. Dort trafen sie die Zuckerfee, die sie zu einer Feier ihnen zu Ehren begrüßte.

Die beiden nahmen auf den Thronen aus Zuckerwatte Platz und betrachteten staunend die Tänzerinnen und Tänzer, die vor ihnen umherwirbelten. Im Schloss duftete es herrlich nach Schokolade, Kaffee, Tee und Igwer. Schließlich lud die Zuckerfee alle dazu ein, sich den Tanzenden anzuschließen, und auch Marie und ihr Nussknacker-Prinz tanzten und wirbelten zwischen den bunten Paaren umher. Es war die zauberhafteste Nacht, die Marie je erlebt hatte. Die Festlichkeiten gingen bis spät in die Nacht. Marie konnte nicht anders, als zu ihrem Platz zurückzukehren und ihren Kopf ein wenig auszuruhen, und während die Musik noch spielte, schlossen sich sanft ihre Augen …

Von einem Sonnenstrahl wachgekitzelt, stellte Marie fest, dass sie in ihrem eigenen Bett lag. War das alles etwa nur ein Traum? Sie lief in den Salon und stellte dort fest, dass ihr Nussknacker nicht mehr da war! Sie suchte ihn im ganzen Haus, doch er blieb verschwunden. Ihre Eltern behaupteten, dass sie ihn bestimmt nur verlegt habe. Doch beim großen Weihnachtsfrühstück mit der Familie lächelte Marie vor sich hin. Nur sie allein kannte die wahre Geschichte ihres Nussknacker-Prinzen, der nun wieder in sein Reich zurückgekehrt war.

ENDE

DEZEMBER

21

Bastelanleitung

Weihnachtslichter

Du brauchst:
Butterbrottüten aus Papier
eine Schere und/oder einen Locher
Sand oder kleine Kieselsteinchen
Teelichter oder batteriebetriebene Teelichter

Diese Weihnachtslaternen werden in der Weihnachtszeit traditionell in Mexiko und den südwestlichen Staaten der USA aufgestellt. Manchmal werden sie auch *farlolitos* genannt, das heißt so viel wie „kleine Laternen“. Seit dem 16. Jahrhundert beleuchten sie Häuser und Wege und symbolisieren ein herzliches Willkommen und Frohsinn. Sie eignen sich hervorragend für Feiern, den Garten oder den Balkon. Vorsicht ist geboten, wenn kleine Kinder oder Haustiere dabei sind, dann am besten auf die batteriebetriebenen Teelichter zurückgreifen.

1. Benutze eine Schere (oder einen Locher), um Muster in die Butterbrottüten zu schneiden.
2. Fülle ca. 5 cm Sand in die Tüten.
3. Stelle ein Teelicht in die Mitte der Tüte und drücke es in den Sand, damit es sicher steht.
4. Finde draußen einen guten Platz, auf dem deine Weihnachtslichter gerade und sicher stehen können. Warte darauf, dass es dunkel wird und es nicht zu windig ist, und bitte dann einen Erwachsenen, die Teelichter anzuzünden.

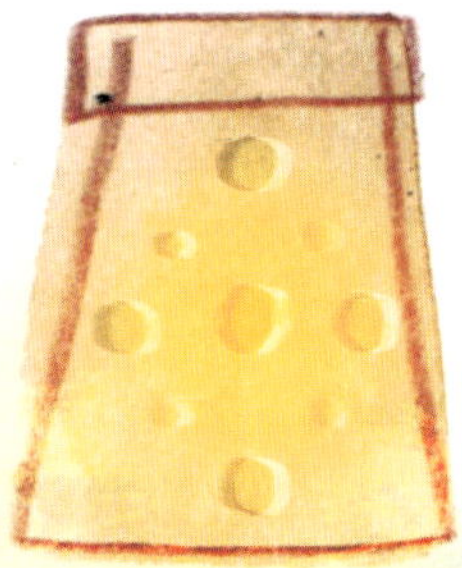

DEZEMBER

22

Wimmelbild

In der weihnachtlichen Stadt

Finde auf dieser Seite:

6 Rentiere
5 Katzen
2 große Teddybären
3 Weihnachtswichtel
den Nussknacker-Prinzen
das rote Spielzeugauto
den orangen Luftballon
den busfahrenden Hund

DEZEMBER

23

Lied

Morgen, Kinder, wird's was geben

Morgen, Kinder, wird's was geben,
morgen werden wir uns freun!
Welch ein Jubel, welch ein Leben
wird in unserm Hause sein!
Einmal werden wir noch wach, heißa,
dann ist Weihnachtstag!

Wie wird dann die Stube glänzen
von der großen Lichterzahl!
Schöner als bei frohen Tänzen
ein geputzter Kronensaal.
Wisst ihr noch, wie vor'ges Jahr
es am Heil'gen Abend war?

Wisst ihr noch mein Räderpferdchen,
Malchens nette Schäferin,
Jettchens Küche mit den Herden
und dem blank geputzten Zinn?
Heinrichs bunten Harlekin
mit der gelben Violin?

Welch ein schöner Tag ist morgen!
Viele Freuden hoffen wir;
unsre lieben Eltern sorgen
lange, lange schon dafür.
O gewiss, wer sie nicht ehrt,
ist der ganzen Lust nicht wert.

Für den
Weihnachts-
mann

DEZEMBER
24
Fröhliche Weihnachten!

Lied

Fröhliche Weihnacht überall

„Fröhliche Weihnacht überall“,
tönet durch die Lüfte froher Schall.
Weihnachtston, Weihnachtsbaum,
Weihnachtsduft in jedem Raum.
„Fröhliche Weihnacht überall“,
tönet durch die Lüfte froher Schall.
Darum alle stimmet ein
in den Jubelton;
denn es kommt das Licht der Welt
von des Vaters Thron.

„Fröhliche Weihnacht überall“,
tönet durch die Lüfte froher Schall.
Weihnachtston, Weihnachtsbaum,
Weihnachtsduft in jedem Raum.
„Fröhliche Weihnacht überall“,
tönet durch die Lüfte froher Schall.
Licht auf dunklen Wegen,
unser Licht bist du,
denn du führst, die dir vertraun,
ein zur seligen Ruh.

„Fröhliche Weihnacht überall“,
tönet durch die Lüfte froher Schall.
Weihnachtston, Weihnachtsbaum,
Weihnachtsduft in jedem Raum.
„Fröhliche Weihnacht überall“,
tönet durch die Lüfte froher Schall.
Was wir andern taten,
sei getan für dich,
dass bekennen jeder muss:
Christkind kam für mich.

Genießt die Weihnachtsfeiertage!
MAMA
REX

PAPA
ANNA

Bis bald,
LIEBER WEIHNACHTSMANN

Dieses Buch ist mit viel Liebe entstanden.

Du findest uns auch auf Instagram unter @icherzaehldirdiewelt
Teile deine Fotos unter dem Hashtag #icherzähldirdiewelt
und #verlagarsedition mit uns. Wir freuen uns auf dich!
Das Neueste von arsEdition im Newsletter:
abonnieren unter www.arsedition.de/newsletter

arsEdition GmbH, Friedrichstraße 9, D-80801 München

Titel der Originalausgabe: Christmas Is Coming! An Advent Book

Aus dem Englischen von Lisann Grégorie

„Der Schuhmacher und die Wichtel" ist erzählt nach
„Die Wichtelmänner" der Brüder Grimm.
„Der Nussknacker" ist erzählt nach
„Nussknacker und Mausekönig" von E. T. A. Hoffmann.

ISBN 978-3-8458-4466-4